A PROPOS

DE LA

LETTRE DU PRINCE IMPÉRIAL

A M. RAOUL DUVAL

A PROPOS

DE LA

LETTRE DU PRINCE IMPÉRIAL

A M. RAOUL DUVAL

PAR UN ÉLECTEUR :

MARCUS ALLART

> « Tricolore et sans livrée
> « Montre-toi toujours. »
>> BÉRANGER.

Second tirage.

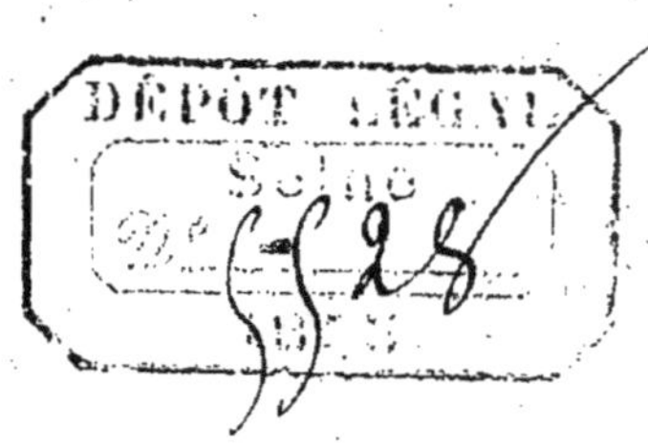

PARIS

LIBRAIRIE GÉNÉRALE

DÉPOT CENTRAL DES ÉDITEURS

72, BOULEVARD HAUSSMANN ET RUE DU HAVRE

VERSAILLES		BRUXELLES
CHEZ BERNARD		OFFICE DE PUBLICITÉ

1875

PRÉFACE

J'ai voulu paraître aujourd'hui 16 JUIN 1875 ! afin de pouvoir, moi aussi, *me meschino !* FAIRE UN VŒU !.... et les vœux *des misérables* ont, dit-on, ce mérite, qu'étant désintéressés.... *ils sont toujours bien accueillis !*

Je voue mes feuilles ici présentes, et mes feuilles pas-sées et à venir, si tant est qu'il en doive tomber encore :

AU CŒUR SACRÉ DE LA FRANCE DE 1789 ! ! !

A ce grand cœur qui a affranchi des nations ! et qui, toujours aussi sublime, aussi loyal qu'il est indomptable et gai, NE COMPRENDRA JAMAIS RIEN AUX INFAMES, AUX DÉLOYALES, AUX SOMBRES ET BASSES PRATIQUES DE L'AMOUR MYSTIQUE ! !

MARCUS-NAPOLÉON ALLART

LA REVANCHE (RUEIL), 16 JUIN 1875 !

A PROPOS

DE LA

LETTRE DU PRINCE IMPÉRIAL

A M. RAOUL DUVAL

Librement !.....

------◆------

Après 1848! *de sanglante et ridicule mémoire!* Après la honteuse équipée *du 4 septembre.... après sa fille legitime* : LA COMMUNE DU 18 MARS!! je n'aurais jamais voulu croire, je l'avoue, que mon pays accepterait la République.... MÊME COMPLÉTEMENT, même ENTIÈREMENT RÉVISABLE!!!

Mais la peur de Henri V et du *drapeau blanc,* prêts, TOUS LES DEUX, *à partir en guerre* POUR LE PAPE! cet infaillible auteur du Syllabus, de l'Immaculée Conception et du Sacré-Cœur de la pauvre Marie Alacoque! et le souvenir, *trop cuisant et trop récent encore,* des FAUTES SEULES de l'Empire, viennent d'opérer sous nos yeux *ce miracle!.....*

ET ON DIT CEPENDANT QU'IL N'Y EN A PLUS!!

J'en souffrais pour les destinées de mon pays et pour moi-même, que je n'en sépare pas! J'étais préoccupé de cette nouvelle loi, à laquelle il me fallait nécessairement OBÉIR, puisque c'était la loi de mon pays! Je cherchais VAINEMENT à me consoler avec les mots : COMPLÉTE-MENT, ENTIÈREMENT RÉVISABLE!! et j'allais encore, en ma qualité d'électeur bavard, essayer de dire pourquoi à mes concitoyens, lorsque, *tout à coup*, le jeune Prince Impérial, pour le père duquel je m'étais souvenu jadis, EN LE DISANT HAUT! d'avoir toujours voté! daigna nous annoncer qu'il avait approuvé les idées contenues dans le brillant discours que venait de prononcer M. Raoul Duval à Ménilmontant! Discours qui était une sorte de réponse à celui de M. Gambetta, à Belleville!

Et ainsi.... c'était le jeune Prince Impérial *lui-même* (et c'était pour moi, qui avais encore les yeux fixés sur cette grande race des Napoléons, et pensais qu'elle n'avait pas encore dit *son dernier mot pour la France*! UN ÉVÉNEMENT CONSIDÉRABLE!!); c'était le jeune Prince Impérial *lui-même*, dis-je, qui venait ainsi LEVER TOUS MES DERNIERS DOUTES, et m'encourager... lui!... NAPOLÉON BONAPARTE!! à accepter la République... *complétement révisable*, il est vrai!! Cette République sortie des troubles du 4 septembre et du 18 mars! deux dates désormais aussi INSÉPARABLES que celles du 24 février et des journées de juin!!

Le Prince Impérial se ralliait à la République.... *révisable*, COMPLÉTEMENT, ENTIÈREMENT RÉVISABLE!!! Que me restait-il donc à faire, à moi, qui, sans doute, aurais encore voulu *voter pour lui, dans un libre plébiscite*, QU'À L'IMITER?

Je maugréais bien encore un peu : le successeur de l'élu de trente-huit millions de suffrages... *me jeter dans les bras de la République!* Pourquoi ne pas le dire franchement... J'ESPÉRAIS MIEUX!!!

Mais l'exemple me venait de si haut! Et il n'y a pas plus haut pour moi... *sur la terre du moins! Car, pour moi c'est là encore que bat le cœur de la France !!* N'en déplaise, d'ailleurs aux chefs parlementaires ou républicains.... A MOURIR DE RIRE ! L'exemple me venait de SI HAUT, que je m'inclinai de bonne grâce, me rappelant aussitôt qu'il ne nous irait pas, *à nous*, RÉVOLUTIONNAIRES IMPÉRIAUX, d'être, après tout, PLUS IMPÉRIALISTES QUE L'EMPEREUR !!

Oui, il vient de se passer dans le parti Bonapartiste quelque chose de CONSIDÉRABLE ! Et ce n'est vraiment pas par un silence imbécile, *à la mode du temps*, qu'on parviendra à cacher, ou même *à dissimuler*, les paroles du nouveau JEUNE qui vient de débuter parmi nous : MONSEIGNEUR LE JEUNE PRINCE IMPÉRIAL LUI-MÊME !!!

Oui, *Monseigneur le Prince Impérial* a daigné écrire de sa propre main à M. Raoul Duval, pour le complimenter sur le brillant discours qu'il venait de prononcer à Ménilmontant. Voulant ainsi nous prévenir, *dans un moment critique*, qu'il faisait siennes, ou du moins concevait les idées qui y étaient développées. Et ce sont précisément ces idées qui rendent *grave*, et TRÈS-GRAVE, la démarche du jeune Prince, *notre espoir et celui de la France !*

Le jeune Prince poussé, sans doute, par une idée très-généreuse et très-noble, et qu'on ne saurait vraiment trop louer en ce temps, où nous semblons *tous* devoir périr, CORPS ET BIENS, PAR LA DIVISION, semble avoir voulu créer, au contraire, *un point de ralliement !* et comme gage de sa bonne foi, il apporte lui aussi son adhésion à la République..... *mais bien entendu*..... à la République *entièrement*, COMPLÉTEMENT RÉVISABLE !!! Et aussi bien, il se rappelle que le Corps Législatif de 1870, oublieux déjà, lui, *des trente-huit millions de suffrages des quatre der-niers plébiscites successifs*, qui avaient *renoué* le pacte d'al-liance de la nation française avec les Bonapartes, *avait aussi, lui*, à la nouvelle de l'épouvantable journée de Sedan, déclaré : *Que dès que les circonstances le permettraient, la nation serait appelée, par une Assemblée constituante, à se prononcer sur la forme du gouvernement.*

Et c'est aussi sans étonnement qu'il vient de voir l'As-semblée du 8 février 1871 : PROCLAMER LÁ RÉPUBLIQUE..... mais RÉVISABLE CEPENDANT ! *Ne l'oublions surtout jamais !!!*

Eh bien! c'est cette République, qu'il a cru pouvoir et de-voir accepter! et, justement parce qu'elle se disait RÉVI-SABLE; et que pour lui, et pour beaucoup d'autres, et pour tous les honnêtes gens sans doute, qui mettent au-dessus de toutes les vaines compétitions des partis : LA GRANDEUR ET L'HONNEUR DE LA FRANCE !!! la meilleure ma-nière de reviser une constitution est encore d'en appeler, *pour cette révision*, à la nation tout entière, convoquée dans de libres comices, en lui disant de trancher elle-même, dans un grand et solennel Plébiscite, la question DE ROYAUTÉ, DE RÉPUBLIQUE OU D'EMPIRE !!!

Et c'est dans ce sens, et *dans ce sens seul*, encore un coup, que peut s'entendre, pour les Bonapartes, le mot : « *Révision, même totale, de la Constitution !!!* » Autrement ces mots ne seraient-ils pas *un leurre*? Et tout ce qu'une Assemblée aurait proclamé, une autre, *sans cesse*, ne pour-rait-elle pas LE DÉTRUIRE? et le pays, et le gouvernement qui ont, *partout et toujours*, ET AVANT TOUT : BESOIN DE SUITE.... et la France SURTOUT, dans les terribles cir-constances où elle se trouve !.... ne s'en iraient-ils pas ainsi au gouffre où menace de s'engloutir notre nationalité vaincue et chancelante ? LA FRANCE ! *qui cependant naguère encore, sous un règne maudit par des drôles, exhumait de son tombeau séculaire une nationalité depuis longtemps disparue ! ! !*

Notre jeune Prince a renoncé à se prévaloir des nombreux plébiscites qui ont, *tant de fois,* salué sa race : sacrée, à la fois, par la gloire et par le malheur ! *Il ne reprendra la couronne que des mains de la France !... et c'est elle-même qui lui a laissé le droit d'y prétendre encore :* PAR LA RÉVISION LÉGALE DE LA CONSTITUTION !... comme ont aussi le droit d'y prétendre, sans doute, *en vertu de la même clause* : la Monarchie ou la République DÉFINITIVES..... Car un pays ne peut pas, vraiment, soumettre *tous les jours* la forme de son gouvernement : *à un appel plébiscitaire !*

Le Prince sent qu'il se présentera à la France avec le nom de NAPOLÉON BONAPARTE..... et CELA LUI SUFFIT !

Il n'est pas ému plus qu'il ne le faut d'entendre dire aux républicains-conservateurs, *à ces vieux brocanteurs politiques qui s'élèvent tout au plus aux machiavéliques combinaisons des Juifs de la salle des ventes*; aux orléanistes fusionistes ou *non fusionistes (il paraît qu'il y en a encore)* ! QUE NOUS SUBISSONS; enfin aux légitimistes de même farine : « *Que l'Empire est désormais fini en France !* » Il sent que ce serait bien malheureux pour la France.... *et pour eux tous* ! Des républicains-révolutionnaires, socialistes ou jacobins, faut-il en parler ? *En a-t-on peur ?* Je ne puis vraiment le croire ! On a peur de leur bêtise, peut-être..... mais *de leur méchanceté ?...* DE LEUR PERVERSITÉ ?... Non, à coup sûr ! les plus fougueux, les plus FOUS-FU-

RIEUX ne se sont-ils pas amadoués... APPRIVOISÉS, au point.... *qu'on les prendrait pour des émules de M. le Comte Bachasson de Montalivet !* Non; ceux-là, ce n'est pas tant *leur perversité, leur méchanceté,* que leur bêtise que l'on craint; et puis, disons-le, *c'est leur queue que l'on craint !*

Le jeune Prince a vu, a saisi tout d'abord, et cela vraiment n'est pas mal pour un jeune homme, déjà d'ailleurs officier d'artillerie distingué, qu'après-les-misérables-aventuriers-du-4-septembre-et-de-la-Commune, et la triste et pauvre figure qu'avait faite au pouvoir ce ridicule petit Thiers, ce misérable bourgeois, *qui voulait y supplanter les Napoléons ;* après la grotesque issue de l'hypocrite et basse visite du Comte de Paris au dernier des gentilshommes de France..... hélas ! la France blessée ne pouvait encore marcher qu'appuyée sur le bras et sur la solide épée *du Compagnon de la gloire et des malheurs de son Père :* le duc de Magenta ! le glorieux soldat de Malakoff, le non moins glorieux, sinon moins heureux, soldat de Reichshoffen et de Sedan !

Et s'il n'avait pas encore compris, depuis longtemps déjà, toute la valeur de son généreux et malheureux père, il l'a dès lors profondément comprise et saisie !

Et voilà donc ce que *la déchéance de l'Empire* nous tenait *en réserve :* la ridicule mise en scène des séniles et basses ambitions d'un pauvre petit bourgeois ! *Ce malheureux petit homme, qui avait placé son vaisseau sur le promontoire le plus élevé du rivage,* disait-il dans son prétentieux langage, *et qui attendait que la mer fût assez haute pour le faire flotter...* et qui a vu SANS SCRUPULE AUCUN.... LES PRUSSIENS LE FAIRE FLOTTER, CE BEAU VAISSEAU ! La gro-

tesque et honteuse équipée de la fusion!... Et puis.....
LA RÉPUBLIQUE, C'EST VRAI!!!!... mais, au moins,
LA RÉPUBLIQUE RÉVISABLE!... et encore *pas avant cinq ans,*
sinon de par la volonté expresse *du Maréchal de Mac-Ma-*
hon, Duc de Magenta, Président de la République fran-
çaise!

Le Prince Impérial nous fait entendre, par son adhésion
au dernier discours de M. Raoul Duval, que le mot d'ordre
des prochaines élections devra être, *pour les candidats Bo-*
napartistes : « RÉVISION LÉGALE DE LA CONSTITUTION PAR VOIE
« PLÉBISCITAIRE ! »

« La Constitution du 25 février nous oblige, *jusqu'à ce*
« *qu'elle ait été revisée par* la volonté du corps électoral,
« juge d'appel des contractants parlementaires qui l'ont
« votée. Il FAUT LUI OBÉIR, *mais unir tous les honnêtes gens*
« *dans une pensée de révision; la rendre commune par la ré-*
« *solution d'accepter la volonté nationale comme point de*
« *départ ou comme sanction de l'œuvre révisionniste.* »

Telles sont les paroles de M. Raoul Duval, *sanctionnées*
par la lettre du Prince Impérial! Et il est vraiment temps
de citer *ce second parmi les jeunes,* que nous n'avons au
reste un peu oublié, il nous le pardonnera facilement, que
pour nous occuper.... DU PREMIER PARMI LES JEUNES :
« LE PRINCE IMPÉRIAL LUI-MÊME!!! »

Voici sa définition du parti de l'Empire : « Il faut que
« le parti de l'Empire comprenne bien que le temps des
« vieilles rancunes et des haines d'autrefois est passé; qu'il
« lui faut adopter une formule et une ligne politique qui
« permettent A TOUT LE MONDE DE VENIR A LUI SANS
« S'HUMILIER, sans signer en quelque sorte le RENONCE-

« MENT à SES IDÉES DE GOUVERNEMENT, à *ses*
« *aspirations vers la liberté.* »

« Il faut qu'il prenne comme objectif et comme but, s'il
« triomphe, DE SE FAIRE L'ÉDUCATEUR DE CE PEUPLE AUX
« PRATIQUES ET AUX MŒURS DE LA LIBERTÉ POLITIQUE....
« il ne faut pas que le rétablissement de l'Empire puisse
« être présenté COMME LE POINT DE DÉPART DES
« REPRÉSAILLES ET DES PROSCRIPTIONS. »

Avant de poursuivre... arrêtons-nous ici un moment!
Oui, on le savait déjà, le premier mot *du jeune Empire,*
devait être : AMNISTIE!! ENTIÈRE ET COMPLÈTE AMNISTIE
pour les pauvres dupes!... et *méprisante amnistie aussi pour
leurs lâches exploiteurs; ces stupides coquins si vertueux, si
capables, si austères, si intrépides et si probes..* LORSQU'IL
S'AGIT DE JUGER AUTRUI!!!!!

Mais, puisqu'il s'agit *de renoncer à toutes représailles;*
puisqu'il s'agit d'amnistie... *ne craignons point de demander
ici à notre jeune Prince...* PLUS ENCORE!

Nous allons toucher un point bien délicat, *mais il le faut,*
qu'importe! Courage, nous allons parler à un Prince qui
nous dit que chacun, QUE TOUT LE MONDE, pourra venir à
lui SANS S'HUMILIER, SANS RENONCER A SES IDÉES DE
GOUVERNEMENT! Parlons donc!!

Le plus grave des conflits qui *avait pu s'élever* dans le
parti bonapartiste, *n'était-il pas* celui *qui s'était élevé* dans
la famille même de Bonaparte?? entre l'héritier direct du
trône : Louis-Napoléon Bonaparte, et l'héritier présomp-
tif du trône : Jérôme-Napoléon Bonaparte? QUE CE CONFLIT
NE SOIT PLUS!... C'est le vœu le plus cher DE TOUT

VRAI BONAPARTISTE! Le jeune Prince Impérial a fait tout ce qu'il pouvait pour y mettre un terme... il accepte la RÉPUBLIQUE RÉVISABLE... Le prince Jérôme paraissait l'accepter aussi... Serait-ce donc le mot **révisable...** qui les SÉPARERAIT ENCORE??

Le Prince Impérial ne veut pas exclure, ne peut pas exclure son cousin... du bénéfice des représailles auxquelles il renonce... POUR TOUT LE MONDE!! Il sait, BIEN MIEUX QUE PERSONNE, que le prince Jérôme-Napoléon Bonaparte, représente la plus grande idée, la plus noble action du règne de son généreux et malheureux père : *l'affranchissement et l'alliance de l'Italie!!* Le prince Jérôme-Napoléon Bonaparte n'est-il pas le gendre du roi Victor-Emmanuel, du roi... galant homme? Ce prince qui a su rendre impuissante, sinon désarmer, par sa loyauté et son héroïsme, *l'opposition radicale italienne?* Et qui a su mettre toute sa gloire à accepter le Statut, *la constitution libérale de l'Italie du grand Cavour!* Le gendre d'un pareil .roi peut-il donc rester plus longtemps en dehors d'un parti qui appelle désormais TOUT LE MONDE, *à l'aider à être l'éducateur de la France, aux pratiques et aux mœurs de la liberté politique...* et le prince Jérôme-Napoléon Bonaparte est-il donc même... *tout le monde,* pour ceux qui n'ont pas oublié, *cela ne dépend pas plus d'eux, d'ailleurs, que de lui,* qu'il est l'héritier du trône impérial, de par les constitutions de l'empire... et n'a-t-il donc pas dit un jour que jamais son cousin ne rencontrerait un *Philippe-Egalité* dans sa famille? (Il y a longtemps que ces mots auraient dû mettre un terme à un refroidissement qui fait la joie de nos adversaires!) *Ne divisons pas nos forces... et que nos empereurs nous donnent l'exemple!* Ce qui se passe dans la famille ne nous regarde pas ; *nous ne voulons pas, nous ne devons pas le savoir ! Toutes les forces sont dues à notre parti, aucune n'a le droit de se dérober !!*

A ces mots de M. Raoul Duval : « Il faut que le parti « de l'Empire prenne pour objectif et comme but, s'il « triomphe, *de se faire l'éducateur de ce peuple aux pratiques* « *et aux mœurs de la liberté politique...* » qui n'a vu sourire avec suffisance, et avec cette *morgue vide* qui leur est propre, les doctrinaires et les parlementaires ; les vieilles lumières encore vacillantes de Gand, de la rue de Poitiers et des républicains... *repentis* ? de l'*Union Libérale* de Nancy ? Ce troupeau d'eunuques qui ont remplacé les gloires et les prospérités des deux Empires par 1814 et 1815 ; par l'applatissement national et légendaire de Louis-Philippe ! par ces lugubres et sanglantes parades de février 1848 et de septembre 1870... qu'on est convenu d'appeler... *des gouvernements provisoires !*

Hier encore un des leurs, M. le duc d'Audiffret-Pasquier, ne s'écriait-il pas à la Chambre : « Oui, *il y a vingt-* « *deux ans que je déteste l'Empire, parce qu'il y a vingt-deux* « *ans qu'il démoralise mon pays !...* Vous ne vous êtes « donc pas fait dire ce qu'ont pesé pour nous ces heures « où nous sentions le sol du pays envahi par la Prusse ? « Vous ne sentiez donc pas la fumée de nos chaumières « brûlées ? *Vous ne savez pas qu'à chaque quart d'heure on* « *nous annonçait qu'un des nôtres succombait glorieusement* « (Ne semblerait-il pas vraiment, que sous l'Empire les « orléanistes seuls sont morts au champ d'honneur !) ; vous « ne vous l'êtes pas assez laissé dire. (Mais par qui donc ? « mon Dieu !) Eh bien, je vous dis MOI, que quel que soit « le sang-froid de *tous vos gens au cœur léger (Ils sont d*

« *vous !*), quels que soient les ombrages de Chislehurst, il
« y a une heure où vous avez dû entendre une voix qui
« criait : *Varus, rends-nous nos légions !* RENDEZ-NOUS LA
« GLOIRE DE NOS PÈRES ! »

La gloire de leurs pères ! Vous les entendez ces parlementaires, ces doctrinaires, ces républicains *transfuges et
comparses*, réclamant la gloire de leurs pères de 1814 et
de 1815 !!! *Celle de Bourmont sans doute !!!* La gloire de
Louis-Philippe ? de Robert Macaire et de Bertrand ??? de
Guizot et de Thiers ??? *La gloire de vos pères,* mais c'est celle
des cours prévôtales ; celle de Trestaillon ; celle de la rue
Transnonain et de Blaye, et même aussi de Grandvaux !
Celle des journées de juin, celle des journées de mai !!!

LA GLOIRE DE VOS PÈRES ?... MAIS ELLE EST TOUTE A
NOUS !... et *deux défaites ne peuvent pas effacer cent écla-
tantes victoires !*

Quoi ! le second empire donne à la France ses frontières
des Alpes en affranchissant l'Italie ! Il vous jette *M. Emile
Ollivier et les libertés nécessaires...* et vous vous plaignez de
l'Empire ! Et vous osez lui redemander *nos légions.....* CES
LÉGIONS QUE VOUS LUI AVEZ REFUSÉES ! Vous dites que l'Empire *a démoralisé le pays !* PRENEZ GARDE !... on pourrait
vous demander qui a allumé dans les classes bourgeoises et
populaires cette soif *inextinguible* du lucre ! *Ce mépris
absolu du patriotisme ! Ce mépris de toute idée quelconque !*
Ce goût des basses jouissances matérielles, ce goût des
crapuleuses distractions d'une littérature et d'un théâtre
obscènes, qui étouffent, paralysent et empestent toute votre
génération..... qui au fond *vous méprise autant qu'elle envie
vos richesses,* et méprise encore plus qu'elle ne vous méprise

3

ou vous envie, *cette gloire*..... DONT VOUS AVEZ LE FRONT DE PARLER !!!

Mais, laissons cela, oublions-le, *si vous le voulez : le temps des vieilles haines, des vieilles rancunes d'autrefois est passé*..... le jeune Empire vous le dit, il vous offre la paix..... il vous convie à venir *à lui sans vous humilier, sans signer en quelque sorte le renoncement* A VOS IDÉES DE GOUVERNE-MENT, à vos aspirations vers la liberté..... Oui, il ne forme qu'un seul vœu, ce jeune descendant de deux glorieux et malheureux Empereurs : le vœu bien français de ses aïeux : CELUI DE RÉCONCILIER LA GLOIRE AVEC LA LIBERTÉ !!!

« Faisons-nous ENSEMBLE : *les éducateurs de ce peuple aux pratiques et aux mœurs de la liberté politique*, et, j'oserai ajouter... dans nos temps si troublés ; et puisque, d'ail-leurs, le JEUNE EMPIRE convie TOUT LE MONDE *à venir à lui*, SANS RENONCER A SES IDÉES DE GOUVER-NEMENT ; DE LA VRAIE LIBERTÉ RELIGIEUSE ! *qui n'existe pas*, comme l'ont dit tous les deux, *presque en même temps*, MM. Raoul Duval et Gambetta, *dans l'Etat laïque*, MAIS BIEN DANS L'ÉTAT RÉFORMÉ !!! (1).

Voltaire, qui avait étudié de près la constitution *politique et religieuse* de l'Angleterre, disait un jour : « *Il y a deux* « *choses importantes dont on ne parle jamais dans le pays des* « *esclaves et dont tous les citoyens doivent s'entretenir dans* « *les pays libres : l'une est le gouvernement, l'autre la reli-* « *gion. Le marchand, l'artisan doivent se mettre en état de* « *n'être trompés ni sur l'un, ni sur l'autre de ces objets.* »

Notre constitution de 1789 a trop méprisé la religion.....

____

(1) M. Raoul Duval, *qui est réformé*, n'étant point, d'ailleurs, lui, *directement en cause.*

Elle a cru qu'elle ne valait même pas la peine d'être réformée, comme la constitution politique ! ELLE N'A PAS SU FAIRE RENTRER DANS LES MAINS DE L'ÉTAT LA DIRECTION DE CETTE FORCE, QUI N'EN DOIT PAS PLUS SORTIR QUE TOUTES LES AUTRES ! Elle n'a pas su... comme la libre Angleterre, briser le dernier anneau qui l'attache encore à la ROME PAPALE ! Elle a fait la ridicule constitution civile du clergé !! Cela ne pouvait tenir ! Ce qu'il faut, c'est que l'État, *comme en Angleterre*, résume en lui LE SPIRITUEL ET LE TEMPOREL ! C'est à lui seul qu'incombe le droit de donner L'INVESTITURE AUX ÉVÊQUES, AU SPIRITUEL COMME AU TEMPO- REL !! Et tous les évêques qui refuseront ce serment à l'Etat *doivent être immédiatement cassés et ne plus recevoir ni le moindre aide, ni le moindre subside de lui !* Il faut que l'évêque français prête à son gouvernement.... A LA FRANCE ! le serment que l'évêque anglais prête A L'AN- GLETERRE ! « Moi, docteur *en divinité* (doctor in *divinity*), « (théologie), maintenant élu, confirmé et couronné évêque. « de ..... *déclare présentement que Votre Majesté est le « seul souverain dans son royaume, soit dans les choses spi- « rituelles et ecclésiastiques comme dans les temporelles* ; et « que *aucun prélat ou potentat étranger n'a de juridiction « quelconque en ce royaume* (pas plus Bismarck que le pape, « *ou son souverain, Victor-Emmanuel !*), et je reconnais que « le siége épiscopal ci-dessus cité *reçoit des seules mains de « Votre Majesté* LE SPIRITUEL COMME LE TEMPO- « REL. Et c'est pour ce temporel que je prête serment à « Votre Majesté. *Que Dieu m'y assiste !* »

Voltaire avait déjà, d'ailleurs, donné ce conseil à l'État et à notre clergé, *avant* 1789 : « *On sentira l'énorme et « dangereux ridicule d'avoir dans un État un corps considé-*

« rable de citoyens, dépendant d'un maître étranger (de Victor-
« Emmanuel OU MIEUX DE L'ITALIE... et du pape qui ne sera
« bientôt plus que son sujet !) Ce corps comprendra lui-
« même qu'il serait PLUS HONORÉ, PLUS CHER A LA NATION
« SI, réclamant son indépendance naturelle, il cessait
« d'employer à ses dépens une espèce de simonie pour se
« rendre esclave. Il se fortifiera dans cette idée sage et
« noble par l'exemple d'une île voisine. Alors vous ferez
« servir votre influence et votre pouvoir à briser des liens
« dont la nation s'indigne. VOUS VOUS CONFORMEREZ AU
« TEMPS. »

Comment se fait-il donc que nos pères de 1789 aient
ainsi tourné court sur cette question ?... C'est que l'a-
théisme est venu tout empester !... et que ce sont les imbéciles et les polissons qui ont eu le dessus, et ont imaginé
cet État laïque, qui pour eux n'est au fond que l'État athée !
Notre constitution, pour la religion, s'est basée sur... Ra-
belais, le Régent, l'abbé Dubois et le baron d'Holbach...
elle a laissé de côté : Voltaire et Rousseau... tous deux
PROFONDÉMENT DÉISTES !! « des théologiens, des docteurs en
« divinity ! » comme dirait l'Angleterre ! Et n'avons-nous pas
vu, de nos jours même, des crétins... peut-être bien des
coquins ! venir nous dire, que l'idée de la divinité nous était
venue d'un immense abaissement des esprits en Occident !! Ce
sont toutes ces fortes têtes, toutes ces nobles pensées,
toutes ces belles choses qui ont présidé, chez nous, à l'or-
ganisation de L'ÉTAT LAÏQUE !!! Cet État impassible !...
au-dessus de cette FAIBLESSE : la conception d'une divinité, point d'appui de la conscience et de l'honneur !!...
et on a laissé l'exploitation de cette faiblesse à d'autres...
qui ont su en tirer parti ! Et ayant voulu compter la reli-

gion *pour rien*, on s'est retrouvé devant ces mots de Voltaire, que peu de personnes (pas même les abonnés du *Siècle !*) avaient compris : « *On sentira l'énorme et dangereux* « *ridicule d'avoir dans un État, un corps considérable de* « *citoyens* (LE CLERGÉ !!) *dépendant* D'UN MAITRE ÉTRANGER. » Oui, peu de monde avait compris... et ils sont encore, *malheureusement*, bien peu nombreux, ceux qui, aujourd'hui, commencent *à peine* à entrevoir la vérité. ET L'ÉTAT MENTAL DE LA FRANCE SUR CES QUESTIONS EST ÉTRANGE ! Et nous allons voir jusqu'où l'a mené cette belle conception de cet *État laïque impassible et athée*... INACCESSIBLE, LUI, A TOUTE FAIBLESSE HUMAINE !!

Je lisais justement, hier, les mémoires de M. Odilon Barrot, cette lumière du *libéralisme chlorotique de 1830*, et j'y ai découvert ceci : « Qui m'eût dit que j'exposerais, « comme premier ministre de mon pays, ma liberté et peut- « être ma vie... *pour rétablir le Pape dans sa souveraineté* « *temporelle à Rome...* » et ici, ce raisonnement triom- « phant : « *Pour que la séparation des deux pouvoirs (le* « *laïque et le religieux !!) puisse exister dans le monde* « *catholique, il est nécessaire qu'ils soient réunis dans les* « *mains du chef de la catholicité, au moins pour l'État où il* « *réside ; cette réunion de pouvoirs étant le seul moyen* « *d'assurer l'indépendance du Pape et, par suite, la sépara-* « *tion des deux pouvoirs dans les autres États.* »

Et voilà donc à quels imbéciles raisonnements nous a menés *la vaste conception de l'État laïque... ce majestueux pouvoir* SANS FAUSSE HONTE ET SANS FAIBLESSE !! Et puis on s'étonne de voir l'Empereur... après Magenta après Solférino... après CASTELFIDARDO... et aussi... APRÈS SADOWA ! REFUSER l'alliance *offensive et défensive* de l'Autriche et de l'Italie (c'est M. Latour du Moulin qui nous assure *qu'une correspondance* autographe des trois souverains existe à ce sujet... et que c'est PARTICULIÈRE-MENT *l'Empereur d'Autriche* qui insistait auprès de l'Empereur de France, sur *la nécessité d'évacuer Rome... pour la remettre à leur allié commun...* Victor-Emmanuel!!), et ordonner à son ministre de s'écrier... *pour plaire à M. Thiers... ce pendant de M. Odilon Barrot!...* que JAMAIS *la France n'évacuerait Rome*!! Mais c'était là... *nous le voyons,* une conception très-parlementaire, très-libérale... ROUGE MÊME!!! O France! *et l'on parle des fautes de l'Empire...* c'était pour sauver *la fameuse conception* de L'ÉTAT LAIQUE... DE L'ÉTAT ATHÉE SANS FAIBLESSE!... qu'on refusait ainsi l'alliance de l'Autriche et de l'Italie... et qu'on maintenait, A JAMAIS, le pouvoir temporel du Pape à Rome! ON CROIT RÊVER!

Et encore si l'on pouvait dire : L'on arrive ainsi à avoir *une certaine influence* sur le pape et ses décisions, on l'empêche ainsi de trop braver *le sens commun, la morale publique et la civilisation*!!! Mais, pas du tout! le pape, pour le maintien duquel on a refusé l'alliance italienne et autrichienne, s'amuse TOUJOURS, lui, à braver le *sens commun,* la morale publique et... *horresco!* ce fameux Etat laïque *impassible et sans faiblesse!* auquel il ne tient nul compte de ses ménagements.... ET DE SON IMPASSIBILITÉ!!! Le pape poursuit son imbécile odyssée : tantôt c'est l'Immaculée Conception de la mère de Dieu! tantôt c'est le Syllabus... et enfin, pendant la dernière guerre, juste au moment où la France, sa malheureuse et ridicule protectrice succombait... il choisit ce moment pour se proclamer: INFAILLIBLE!!! Et demain peut-être encore, si nous n'y faisons pas bien attention, ce n'est pas pour *la conservation de la puissance de l'État français* que nous allons marcher à la Prusse, lorsque l'heure sera venue, que nous serons prêts... ENFIN ! *et que l'occasion sera bonne !* non ! c'est TOUT DE SUITE..... et pour la plus grande gloire de l'Immaculée Conception, du *Syllabus infaillible* et du *Sacré-Cœur !* cette vilaine invention, ce vilain rêve d'une pauvre fille hystérique... *qui avait besoin de se marier !* C'est tout cela que nous allons nous charger... NOUS-FRANCE ! *de maintenir* vis-à-vis de M. de Bismarck, *qui doit être bien étonné par moments !* lui qui n'est pas sans avoir entendu parler du séjour d'un certain Voltaire, chez un certain Frédéric, à Potsdam !!! Ah ! si nous voulions cependant un peu *regarder et observer*, comme nous nous apercevrions vite de la *resplendissante vérité* de ce que disait Voltaire : « *On sentira l'énorme et dangereux ridicule d'avoir* « dans un État un corps considérable (LE CLERGÉ !) de ci- « toyens dépendant d'un maître étranger (le Pape !) ! » Mais, bah ! ne faut-il donc pas... et là-dessus, *seulement,* tout le monde me paraît d'accord : depuis Henri V jusqu'à Napoléon, en passant par Louis-Philippe, Thiers, Guizot ou Gambetta !!! ne faut-il pas que le pouvoir temporel du pape soit rétabli à Rome... POUR LA PLUS GRANDE GLOIRE DU POUVOIR LAIQUE CHEZ NOUS !! « Nous ne sommes pas des « théologiens ! (*docteurs en divinité !*) » s'écrie M. Gambetta... ET IL DIT VRAI !!..... Et si encore, là, cela leur servait à quelque chose ! Hier, *justement !* dans une brochure d'un certain M. Gaume, protonotaire apostolique, quelque chose comme : NOTAIRE DU PAPE !! je lisais : « Em- « pereur et souverain pontife. Cela veut dire : concentration « de tout pouvoir, spirituel et temporel, entre les mains

« d'un homme qui s'appelle *tour à tour* : Néron, Caligula,
« Dioclétien, et qui *peut s'appeler* : ROBESPIERRE, BO-
« NAPARTE, BISMARK ou GAMBETTA ! » M. Gaume
a oublié la reine VICTORIA, l'empereur ALEXANDRE
et la libre AMÉRIQUE !!! *Mais que lui importe?...* Et
faudra-t-il donc *toujours !* pour donner gain de cause, chez
nous, à ce M. Gaume, et aux *profonds politiques* qui y sou-
tiennent la conception du POUVOIR LAIQUE !... qu'une armée française passe les Alpes, pour aller rétablir à Rome
le pouvoir temporel du pape? dont... il faut bien que j'en
convienne d'ailleurs... la part serait bien réduite, *et bien
plus encore, sans doute, qu'à la portion congrue!* s'il en
était réduit... au pouvoir SPIRITUEL SEUL !... Et je prends
ici le mot spirituel *au temporel comme au spirituel*!! Hors
l'Église point de salut... « *pour le rire !* » disait un jour
Voltaire à d'Alembert... Oui, sans doute, tout cela est bien
risible et bien bête !... mais aujourd'hui, vraiment, nous
payons trop les pots, *pour en rire de bon cœur !* J'ai peur,
parfois, que les têtes ne soient pas aussi fortes en France
qu'elles voudraient le sembler ! et que les femmes, *dont
nous nous moquons trop,* et pour lesquelles nous avons cen-
sément conservé *toutes ces honteuses et vilaines guenilles,*
ne nous le rendent avec usure... chez ces messieurs du
clergé !... *qu'on devrait bien finir par marier* !!

Et on parle des fautes de l'Empire ! Oui, ces fautes
existent....., et il pouvait être un des plus grands règnes de
l'histoire ! C'EST LA QUESTION RELIGIEUSE QUI L'A PERDU !
*Que celui qui se sent innocent lui jette donc la première
pierre !* L'Empire, lorsqu'il reviendra, se remettra-t-il, *pour
soutenir l'idée fausse du pouvoir laïque, à soutenir le pouvoir
temporel du Pape?* Se remettra-t-il à la queue de cette

question? Comprendra-t-il que les dangers de cette queue-là sont au moins égaux *sinon pires* que ceux de la queue de M. Gambetta??? *Et que c'est celle-ci qui nous cache l'autre !!!*

Mais, avouons-le, les difficultés, *jusqu'à ce jour*, paraissent *immenses !!!* Que peut-on faire? Quelle réforme peut-on proposer, *mettre en train*, dans un pays inerte, dont toutes les idées d'ailleurs sont faussées???

A Paris, lors des dernières élections qui s'y sont faites, n'avons-nous pas vu se présenter aux Électeurs deux hommes qui semblaient être aux deux pôles de cette question, et aussi impuissants l'un que l'autre à la résoudre?... et n'en parlant et n'y pensant peut-être pas d'ailleurs (*et à quoi diable pensaient-ils donc?*) : MM. Barodet et de Rémusat. Mais ils avaient un point commun sans doute : LE FAMEUX ÉTAT LAIQUE !!! *et rien de plus !* Seulement l'un, M. de Rémusat, voulait l'État laïque et catholique, et l'autre, M. Barodet, l'État laïque et athée... et la question ne pouvait faire un pas d'un côté comme de l'autre, car le catholicisme infaillible du Sacré-Cœur est aussi effrayant et imbécile que l'athéisme !!!

M. de Rémusat, cependant, avait passé toute sa vie à faire *l'éloge de la Réforme....* sans se donner toutefois *le ridicule de l'embrasser* (*c'est le seul danger à courir aujourd'hui*)! Et il vient de se faire ADMINISTRER !!! Il y a là, assurément, UN GRAND COURAGE. Et un journal *anglais* disait hier : « *La France a perdu hier un homme d'un hon-* « *neur sans tache et un ardent défenseur de la vérité !* » Quant à M. Barodet, *il est muet comme un poisson*! Mais il s'est nourri de la moelle des forts, il est pour la séparation de l'Église et de l'État.... *pour le fameux État laïque!...* AH! C'EST QUE CE N'EST PAS NON PLUS UN THÉOLOGIEN, QUE

M. Barodet!!! *Il ne veut rien, il n'a besoin de rien;* il laisse sans doute toutes ces sornettes à sa femme et à ses enfants? Quitte à s'enflammer un beau jour, comme Cavaignac, Odilon Barrot, Thiers, Henri V ou l'Empereur *pour notre Saint-Père le Pape Infaillible !!!*

Pour qu'il pût agir, il faudrait cependant que l'État fût poussé et secondé, à la fois, par un *mouvement national!*

Lorsque Napoléon *codifia* les conquêtes de la Révolution.... *cette Révolution avait eu lieu!* et il sut mettre sa gloire, et quelle gloire! à la régulariser et à l'accepter!!! Le nouvel Empire, *si ce mouvement national avait jamais lieu,* n'est-il donc pas destiné, lui..., *à parfaire l'œuvre de la Révolution française,* en en codifiant à son tour... APRÈS LA TOURMENTE PEUT-ÊTRE.... (puisqu'il semble dit que les réformes ne peuvent jamais sortir que des révolutions!) *les lois nouvelles qui en découleraient....* POUR EN FORMER UNE ÉGLISE NATIONALE SANS DOUTE???

Mais où est donc la partie du clergé d'où devrait partir l'étincelle? TOUT SE TAIT! Cette discipline infaillible de Rome, qui s'appesantit tous les jours davantage, tous l'acceptent et la maudissent à l'envi !... tout est là *mensonge,* tout est *bassesse et perfidie!* et il semble vraiment que la France sceptique et légère ne verra jamais se lever chez elle: un Wickleff, *l'étoile du matin de la Réforme pour l'Angleterre!* un Knox, un Luther, un Zwingle, un Jean Huss et un Jérôme de Prague, ou même un Channing ou un Parker ??? Non, l'Église n'est plus qu'un vulgaire métier; *on s'y tient!* Pas un homme là pour se lever, l'Évangile à la main, et dire aux hommes que le Christ était venu protester surtout *contre les idolâtres et contre les hypocrites....* CONTRE LES JÉSUITES !!! et que c'est à eux surtout qu'il dirait, comme il le leur disait jadis : « Retirez-vous de moi, race de vipères ! »

M. le comte de Munster disait hier à Londres : « Mes-« sieurs, c'est l'empire protestant que les hommes de « Rome n'aiment pas. *C'est l'unité de l'Allemagne, c'est* « *l'unité de l'Italie qu'ils n'aiment pas.* C'est la crainte « qu'ils ont que, dans les pays *où le sentiment national se* « *renforce, où la moralité et l'instruction s'accroissent avec* « *le sentiment national*, LE RÉSULTAT NE DOIVE ÊTRE « LA FONDATION D'UNE ÉGLISE NATIONALE. »

Que veut donc la France ? N'est-ce pas elle, n'est-ce pas sa Révolution immortelle qui avait dit aux nations : « Partout où un peuple est opprimé et souffre, *qu'il se* « *lève et espère ;* IL PEUT COMPTER SUR L'APPUI DE LA « FRANCE ! » Eh bien, lorsque l'empereur Napoléon, son chef, allait, en son nom, AFFRANCHIR L'ITALIE, n'ac-complissait-il pas ainsi un des vœux de la France et de sa Révolution immortelle ?? Il se trouva là, heureusement, un grand homme, un grand Italien : Cavour ! Pour remercier la France, qui courait ainsi au secours de sa patrie, il lui rendit *Nice et la Savoie*, qu'elle avait perdues en 1814 et en 1815.

L'Allemagne, bientôt, encouragée sans doute par l'exemple de l'Italie, voulut aussi réunir tous ses enfants sous le même drapeau ! La France n'avait pas à s'y oppo-ser... *elle ne s'y opposa pas !* L'Allemagne a-t-elle ja-mais compris, qu'il y avait là au moins *autant de ma-gnanimité que de crainte ??* Si l'Allemagne voulait se grou-per en nationalité, *comme l'Italie*, ne devait-elle donc pas, *avant*, savoir désintéresser la France, comme avait su le faire l'Italie, *dont elle avait l'exemple sous les yeux !* Nous ne savons pas bien encore tout ce qui s'est passé alors... nous ne saisissons bien que ce qui s'est passé au point de vue *religieux, qui a tout emporté!*... et, nous avons essayé de le démontrer, les fautes de l'empire ne sont là... QUE LES FAUTES DE LA FRANCE!

La question avec l'Allemagne est restée ENTIÈRE... et ENVENIMÉE!! La situation de l'Italie est critique... elle nous doit tout... ET NE PEUT PLUS RIEN NOUS DONNER. Combien de questions s'éclairciraient si la France, comme l'Italie, comme l'Allemagne, comme la Russie, et aussi, un jour sans doute, comme l'Autriche et comme l'Espagne, avec *Amédée,* embrassaient toutes une foi nationale *philosophique et chrétienne* (1)... *en dehors de la Rome papale, qui n'est plus qu'un rêve,* et qui s'écroule sous nos yeux? La France a eu des torts, sans doute... mais il lui reste *la générosité et la force.* Seulement, tout cela est TROUBLE ENCORE!!!

L'*Opinione,* l'ancien *Opinione* de Cavour, qui a transporté ses pénates A ROME, disait hier justement, à propos de ces *dernières réunions des associations catholiques d'ouvriers, pour la défense du Syllabus,* réunions qui ont eu lieu dans l'église Notre-Dame, sous la présidence de l'archevêque de Paris, et auxquelles assistaient plusieurs généraux :

« Un peuple qui voudrait se préparer et s'exercer au suicide devrait écouter ces conseils *de mort!*

« Les fils de la France qui croient *pouvoir panser les* « *blessures de leur patrie avec le Syllabus* font, au con-

---

(1) Voltaire disait: « La religion naturelle est le commencement « du christianisme, et *le vrai christianisme* est la loi naturelle « perfectionnée. »

« traire, à leur patrie *la dernière et la plus cruelle blessure*!
« Ils l'isolent au milieu du MONDE CIVIL, *et la mettent au*
« *ban de la civilisation*!

« Une société gouvernée *par le Syllabus et par les doc-*
« *trines de l'Internationale* mourrait d'une mort différente,
« *mais elle mourrait le même jour*, ET PEUT-ÊTRE A LA
« MÊME HEURE?? Parce que L'UNE ET L'AUTRE de ces théo-
« ries *nient et vilipendent ce qu'il y a de plus sacré, de plus*
« *noble, de plus élevé dans le genre humain :* LA LIBERTÉ
« ET LA RESPONSABILITÉ INDIVIDUELLE!! »

Tout cela est vrai, sans doute, mais l'Italie semble ici
trop oublier, que ce ne sont pas seulement les nations qui
feront leurs les doctrines du *Syllabus, qui périront*! mais
que c'est aussi la religion qui lui a donné naissance, QUI
EST DESTINÉE A PÉRIR!! Et l'Italie semble oublier encore
ici que c'est à Rome... SA CAPITALE, que siége le chef de
cette religion, et que c'est donc elle qui entoure d'un res-
pect, QU'A COUP SUR IL NE MÉRITE PAS, *le promoteur infail-*
lible de ce Syllabus! *dont elle déclare l'application aussi*
mortelle pour les nations que les doctrines de l'Interna-
tionale.

Que compte donc faire l'État Italien en présence de ces
difficultés qui assurément valent autant, SINON PLUS, *que les*
nôtres?

Pour l'instant, IL REDOUBLE DE SOUPLESSE dans ses rap-
ports avec ce promoteur infaillible du Syllabus, *qu'il a*
parqué dans l'intérieur du Vatican, au milieu même de la
capitale de l'Italie : UNE ET LIBRE!!... mais pense-t-il que
ce jeu puéril puisse durer toujours?? Ne faudra-t-il donc
pas un jour QUE CE PRÉTENDU POUVOIR DU VATICAN, *qu'on*
entoure de faux et misérables respects, accepte la constitu-

tion du pays... ce statut que, déjà plus d'une fois, IL A IN-SULTÉ !! *comme il insulte, d'ailleurs, toutes les institutions, toutes les constitutions de la terre* !!! Ne faudra-t-il pas, un jour, que *ce prétendu pouvoir du Vatican*... cède la place à la constitution du pays ?... AU STATUT ! Mais comment y arriver ?... Par la ruse ! Mais les Jésuites sont aussi rusés que nous, je pense ! Et je ne trouve pas ici, vrai-ment, que l'Etat Italien, qui semble un peu trop *nous prendre en pitié*, soit, lorsqu'on va résolûment AU FOND DES CHOSES, beaucoup plus avancé que nous (*qui avons perdu deux provinces à ce jeu*), *en voulant faire accepter* QUAND MÊME, *à la Rome papale, les idées de* 1789 !!

Je croirai l'Etat Italien PLUS AVANCÉ QUE NOUS lorsque ses hommes politiques auront su DONNER L'EXEMPLE A LEUR PAYS, comme ont vu jadis, *le donner au leur*, les hommes politiques de la libre Angleterre ! *en quittant avec le plus juste et le plus profond mépris une religion qui exploite la plus abjecte superstition de l'espèce humaine, comme pourraient le faire les plus vils cartomanciers, les spirites ou les magnétiseurs* !!! pour combattre PLUS SUREMENT *le réveil de la moralité et de la liberté humaine* !!

Vous savez bien nous dire, EN PAROLES !!! que les pays qui acceptent les doctrines du Syllabus... *sont destinés à périr* ! Soit... et vous... PENSEZ-VOUS DONC VIVRE, en vous contentant *de sembler respecter toujours, de partager tou-jours la religion d'un pouvoir à l'infaillibilité duquel vous ne croyez pas plus, en religion, qu'en politique* ?? Vous savez tous que pour le libre jeu des institutions représentatives, pour le libre gouvernement du pays par le pays, il faut que la politique, *aussi bien que la religion*, soient dans les mains de l'Etat !... et vous vous contentez de ruser avec un pouvoir au moins aussi rusé que vous, — LES JÉSUITES!! et vous attendez qu'il se livre à vous!! Hé mais! serait-ce donc, par hasard que vous essayeriez de lui faire entendre *que, s'il voulait venir à vous... épouser les passions de l'Etat italien, vous seriez encore à lui*, et l'aideriez même alors *à seconder ses visées sur les autres États*, POURVU QU'IL FUT BIEN ENTENDU QU'ELLES SERVIRAIENT A ÉTAYER ET SECONDER LES INTÉRÊTS ET LA GLOIRE DE LA NATION ITALIENNE??

Mais voilà précisément, alors, *pourquoi M. de Bismarck nous a prié dernièrement* (et c'est le seul point où nous devrions être d'accord avec lui... SI NOUS AVIONS NOTRE TÊTE!) d'en finir une bonne fois, ou, *au moins,* DE RESSERRER ENCORE LA LOI DES GARANTIES... *accordées à ce pouvoir!..* qui ne s'en sert, lui, que pour essayer de prolonger *la vie de tous les pouvoirs déshonorés de la terre!!* qui menace les institutions représentatives de tous les Etats civilisés, aussi bien celles de l'Angleterre que celles de la Prusse; aussi bien celles de la France que celles de l'Autriche; aussi bien celles de l'Amérique que celles de l'Italie elle-même!! et qui, enfin, réprouve, proscrit et condamne (c'est-à-dire damne! car c'est toujours son grotesque langage!) tous ceux qui disent: « LE PONTIFE ROMAIN PEUT « ET DOIT SE RÉCONCILIER ET TRANSIGER AVEC LE PROGRÈS, « LE LIBÉRALISME ET LA CIVILISATION MODERNE. » N'est-ce pas là la LXXXe des erreurs qu'anathématise le fameux *Syllabus*??

ET L'ITALIE REFUSE!!! qu'elle prenne garde! elle va peut-être faire, elle aussi, de la papauté, une question de patriotisme..... COMME NOUS! Et elle voit, cependant, jusqu'où cela peut conduire! Et... *elle ose encore venir nous parler des scènes imbéciles de l'église Notre-Dame*!! Pensez-vous donc que de honteux préjugés s'abattent EN TROIS JOURS?? Non! il faut malheureusement bien plus longtemps encore... lorsque l'on passe sans cesse à côté de l'obstacle sans le franchir, LE DÉTRUIRE ET LE REMPLACER!!

Que l'Italie sache donc faire ce que nous n'avons pas fait! Qu'elle crée franchement, loyalement, hautement : UNE RELIGION D'ÉTAT RÉFORMÉE! Etpuis.. APRÈS, elle nous donnera... DES CONSEILS... à nous, qui, malgré tout, et quelles que soient nos faiblesses, l'avons cependant AFFRANCHIE!!

Et puis ses hommes d'État, ou soi-disant tels, sont-ils donc plus *avancés* que les nôtres? Garibaldi, le fameux Garibaldi lui-même, qui disait naguère : « *qu'il fallait* « *métamorphoser la boutique de Saint Pierre en un asile* « *pour les indigents et briser la fiole de saint Janvier sur la* « *tonsure du sorcier bouffon* », n'est-il pas devenu tout à coup d'une douceur extrême à l'endroit de la papauté, au point que l'on pourrait croire qu'il a oublié UGO BASSI et tout son glorieux passé!... et il nous reste peut-être à voir le vaincu de Mentana *faire, lui aussi, de la papauté, une question de patriotisme*?? tant il est vrai qu'il faut remplacer la Rome du *Syllabus par quelque chose*, si l'on veut enfin LA DÉTRUIRE!! Oui, c'est à l'Italie et à nous à comprendre enfin qu'il nous faut REMPLACER ce pouvoir religieux, qui est, POUR NOUS ET POUR ELLE : « l'ennemi « de ce qu'il y aura toujours de plus sacré, de plus noble, « de plus élevé dans le genre humain :

« LA LIBERTÉ ET LA RESPONSABILITÉ INDI-« VIDUELLES. »

Avant de finir, nous voulons encore une fois offrir un nouvel et profondément respectueux hommage au maréchal de France, duc de Magenta, président de la République-Révisable.

Jamais, peut-être, les redoutables responsabilités d'un grand poste, du premier dans l'Etat! n'ont été telles que les terribles responsabilités de celui qu'il occupe, à cette heure, à la tête de la France! Tous les jours, nous le voyons de plus en plus, c'est de la nationalité même de la France, *terrassée et vaincue dans une première lutte*, comme jamais nation, peut-être, ne l'avait encore aussi complétement et aussi rapidement été, qu'il s'agit!! Et c'est sur lui, maréchal de France, autant que président de la République française, que repose la direction suprême de cet État! qui vient de raffermir et d'augmenter encore son pouvoir, en disant QUE DE SA VOLONTÉ SEULE, pendant cinq ans encore, dépendra la révision PARTIELLE OU TOTALE de la Constitution républicaine de la France!! Cette République-Révisable, proclamée enfin par cette Assemblée nationale à laquelle le parti radical avait, pendant si longtemps, refusé la faculté constituante ; comme, d'ailleurs, la lui refusait aussi le parti légitimiste. Ces deux partis trouvaient : l'un, que la République était *de droit athée*, et l'autre, *de droit divin*. Il ne restait plus à connaître que la décision du troisième parti : celui de l'Empire, et nous avons vu, plus haut, son jeune chef venir adhérer aussi à la constitution républicaine, *totalement ou partiellement révisable de l'État français*.

Le maréchal de Mac-Mahon, duc de Magenta, président de la République française, reste donc pour cinq ans l'arbitre suprême des destinées de la France !!

Nous savons déjà que, quant à lui, en son âme et conscience, et c'est en cela certes, un bon juge, sinon le meilleur! ce n'est pas l'empire seul *qui est responsable de la ruine et du démembrement de la France;* n'a-t-il pas déclaré lui-même dans l'enquête du 4 septembre :

« Je dois dire ici, car il faut rendre justice à tous, que
« dans le cours des opérations, jamais l'empereur ne
« s'est opposé aux mouvements par moi ordonnés, et que
« ces opérations ont toujours été conduites par moi, et
« non par lui.

« A Reims, au Chêne-Populeux: l'empereur était d'avis
« de reporter l'armée sur Paris: c'est moi seul qui ai
« prescrit le mouvement dans la direction de Metz.

« Je déclare hautement et de toutes mes forces que la
« capitulation de Sedan, on peut l'appeler désastreuse,
« MAIS NON HONTEUSE.

« Par le fait, ce n'est pas une capitulation préméditée,
« c'est une armée qui a livré bataille dans de mauvaises
« conditions, qui a été acculée par des forces supérieures
« à une rivière, à une place dont il lui était impossible de
« déboucher. »

Que reste-t-il après cela, des basses insultes contre l'empereur? Insultes qui retombent d'ailleurs SUR LA TÊTE DE LA FRANCE!

Hier, lord Russel ne disait-il pas à la Chambre des lords, sans que les deux ministres qui ont parlé après lui aient en rien contredit ses paroles : « *Il y a cinq ans*, loin
« de vouloir renoncer au territoire en dehors des frontières
« de 1792, *l'empereur Napoléon ne s'est pas fait scrupule de*
« *déclarer qu'il ne se croyait pas lié par les traités de* 1815.
« *Il annonça qu'il avait l'intention de rendre à la France le*

« *territoire qu'elle avait perdu sur le Rhin, et de reprendre les*
« *forteresses que le traité de* 1814 *avait donnés à l'Allemagne...*
« *que serait-il arrivé si ce pays avait été battu ?* »

Il serait arrivé milord, et votre gracieuse seigneurie, peut penser que la France en tout ceci *n'a pas dit son dernier mot...* que la France serait rentrée à l'Est, comme elle y était déjà rentrée au Midi, en pleine possession de ses frontières naturelles !

Et c'est lorsque notre empereur Napoléon III *marchait à cette revendication, qu'il a été battu par l'Allemagne* ! Et c'est pour cela que nous, France ! nous l'avons déclaré déchu d'un trône... *que jamais, sans doute, il ne s'était montré plus digne d'occuper* !! La querelle, il est vrai, avait été longtemps différée ! Mais qui donc en France, parmi les corps constitués de l'État, parmi même les serviteurs et les ministres de l'empereur, enfin, parmi le corps électoral TOUT ENTIER, a gardé le droit de lui faire un reproche ?... Et ne semblait-il pas vraiment que la bourgeoisie française, depuis 1848, gardait un mélancolique souvenir de la platitude orléaniste, et lui tenait déjà compte d'avoir su tuer sous elle cette ardeur républicaine d'autrefois, à nous rendre nos frontières naturelles, *avant que nous ne les perdissions en* 1815 !

M. Victor Hugo, lui-même, n'a-t-il pas été hué par son parti à Bordeaux, lorsque, emporté par la situation, il ne pouvait s'empêcher de protester contre l'acceptation de la défaite, et s'écriait : « J'entends l'avenir de la France marcher à grands pas dans l'histoire ! Je la vois rentrer à « Strasbourg, à Metz, à Coblentz, à Bruxelles, à Anvers, « *je la vois réoccuper toute la rive gauche du Rhin* ! »

Ce sont là assurément de belles phrases, Monsieur Victor

Hugo ! Si vous avez été vraiment inspiré en les disant...
et je veux le croire ! eh bien.... *qu'elles soient aujourd'hui
votre seul châtiment* !! Vous aimez donc encore la gloire et
la patrie... vous l'homme pacifique ! Et vous pensez
donc que pour arriver à la réalisation de ce beau rêve :
« La famille, la patrie, l'humanité ! !! » Dieu et la
gloire ne sont pas de vains aides !!

Dites-le donc à Vautrain ! à Ferry ! à Floquet..... dites-
le donc à tous les vôtres !

La République française nous citait triomphalement,
hier, je ne sais quel auteur, qui disait : « *Lorsque, dans
« son impartiale* justice, l'histoire jugera le traité de
« Lunéville, elle le déplorera comme un malheur
« immense. C'est du sein de ce traité fatal que sont sortis
« toutes nos gloires et aussi tous nos désastres. Pendant
« quinze années, nous n'avons pas cessé de vaincre et de
« conquérir. Mais à quels termes tant de puissance
« a-t-elle abouti ? *aux traités de* 1815 *et aux tortures de*
« *Sainte-Hélène !* »

Et si cependant, après Iéna, un Prussien avait dit les
mêmes choses du grand Frédéric, quel cœur de Prussien
eût voulu le croire ?..... Ce n'aurait pas été, assurément, le
cœur du prince de Bismarck !!

Et est-ce donc à la France, elle qui a su faire, *sous
Napoléon III*, un si noble emploi de sa puissance, à
céder pour toujours le champ à la Prusse égoïste et
sablonneuse !!

Béranger a dit : « Lorsqu'une nation a pris l'initiative
« d'un principe démocratique, et qu'elle est dans la situa-
« tion géographique où nous sommes placés, dût-elle
« espérer qu'elle obtiendra la sympathie des hommes

« éclairés chez tous ses voisins, elle a pour ennemis
« patents ou secrets les autres gouvernements, et particu
« lièrement ceux qui sont dominés par une aristocratie
« puissante. *Pour de pareils ennemis tous les moyens sont*
« *bons.*

« Malheur alors à cette nation si elle laisse s'éteindre
« l'amour qui lui est dû, et qui est sa plus grande force !
« Il faut que ses fils se serrent autour de son drapeau,
« dans l'intérêt même du principe qu'elle a mission de
« faire triompher au profit des autres peuples. *C'est*
« *quand ceux-ci auront conquis les mêmes droits qu'elle*
« *qu'on devra faire taire toutes les rivalités d'amour-propre.*
« *et les antipathies que le sang nous a transmises.* »

Ces lignes contiennent toutes les doctrines de la Révolution française; ce sont ces principes, qui sont ceux du Christ, *appliqués aux gouvernements des nations*, qui ont fait de la France et de sa Révolution, la première nation et la première Révolution du monde !! Que la France surtout ne déserte jamais, ces principes... et qu'elle n'oublie pas que *la race seule* des Napoléons y a été constamment fidèle. L'ITALIE EST LA POUR LE PROUVER ! Aussi l'héritier de l'Empire pourrait encore s'écrier, COMME SON PÈRE, devant la chambre des pairs :

« Je représente devant vous un principe, une cause....
« *deux défaites* !! Le principe, c'est la souveraineté du
« peuple; la cause, celle de l'Empire; les défaites
« WATERLOO ET SEDAN !! *Le principe, vous l'avez reconnu;*
« *la cause, vous l'avez servie; les défaites....* VOUS
« VOULEZ LES VENGER. Non, il n'y a pas désaccord
« entre vous et moi, et je ne veux pas croire que je puisse
« être dévoué *à porter la peine des défections d'autrui.* »

Oui, la race des Napoléons a toujours été fidèle aux principes de la Révolution; si elle a deux fois succombé... C'EST EN NE RECULANT PAS DEVANT L'APPLICATION DE CES PRINCIPES ! *Et ne vaut-il donc pas mieux tomber en essayant, à ses risques et périls, de les faire triompher, que de se faire chasser bassement, un jour, pour avoir toujours refusé lâchement de les appliquer, comme Charles X ou Louis-Philippe?* A l'Italie affranchie par nos armes, l'Empire a demandé notre frontière des Alpes! A l'Allemagne unie, il allait demander notre frontière du Rhin!... le sort des armes en a autrement décidé... et puis, plus d'une question s'est jetée à la traverse... NOUS L'AVONS VU !

Maintenant la France se recueille ! A ELLE DE BIEN MÉDITER SUR LES CHANCES DE SA NOUVELLE FORTUNE ! Son armée, sa puissance militaire se refont tous les jours ! Et la loi qui concerne l'armée devra être aussi ponctuellement exécutée que celle qui concerne la République-Révisable... Nous en avons pour garants, la parole et l'honneur d'un Maréchal de France, couvert des plus nobles blessures, et Président de la République ! ! La situation, comme à la veille de Sedan, est encore terrible.... BIEN PLUS TERRIBLE ENCORE !... (Alors, nous étions pleins d'espérance !) d'un moment à l'autre l'ennemi peut nous demander compte de cette armée ! !

Lord Derby, ministre en Angleterre, l'a dit : « LES CAUSES « DU DISSENTIMENT SONT DE NATURE A SE REPRODUIRE. » Il ajoutait : « Une des difficultés était que les Français « paraissaient incapables de concevoir que les appréhen- « sions de l'Allemagne fussent vraies et sincères; ils re- « gardaient, — je dis les Français et non leur gouverne-

« ment, — *ces représentations comme un prétexte pour une*
« *nouvelle guerre.* »

Il y a des Français qui le pensent encore ! Dans tous les
cas, les éléments sont tels que l'idée seule de ralentir les
préparatifs *serait un crime de lèse-nation* ! et nous serions
sans excuse de nous laisser surprendre.... UNE SECONDE
FOIS.... EN ÉTAT DE FORMATION ! Cette fois, *c'est de notre
vie, comme nation, que nous paierions notre négligence ! !*

Et si cependant, l'heure de la lutte venait encore à sonner ?
Le Maréchal de Mac-Mahon, Président de la République
Française, qui a rendu aux princes de la maison d'Orléans
leur rang dans l'armée, *ce qui n'est guère aujourd'hui qu'une
place de bataille !* pourrait-il donc la refuser aux princes de
la maison Bonaparte ? au fils de celui qui l'a fait Maréchal
de France, et duc de Magenta ? ? N'oublions pas, cette
fois, que le prince de Bismarck disait un jour, dans le par-
lement Allemand, le 29 septembre 1862 : « Ce n'est pas
« par des discours, ni par des votes de majorité que se
« décident les grandes questions du jour ; *ce fut là l'erreur*
« *de 1848 et 1849* ; C'EST PAR LE FER QU'ELLES
« DOIVENT ÊTRE TRANCHÉES ! ! »

MARCUS ALLART

LA REVANCHE (RUEIL), 16 juin 1875.

En ces temps, où les événements se succèdent avec la
rapidité contemporaine de l'électricité et de la vapeur ! il

me plaît de laisser toujours en réserve, le *second tirage de mes opuscules*, et bien m'en prend, car je trouve toujours à glaner... *moi qui moissonne si peu!*

Cette fois, *l'homme soumis à la loi...* L'HOMME LÉGAL! L'homme soumis à la *République-Révisable*, ou plutôt moi : L'IMPÉRIALISTE-RÉPUBLICAIN-RÉVISIONNISTE, il me déplaît de constater que, si je suis si parfaitement SOUMIS A LA LOI, *mon pays, ou le gouvernement de mon pays,* L'EST BIEN MOINS!

Je m'explique :

Hier, dans les Pyrénées-Orientales, le Préfet, fort de son droit (QUE JE NE CONTESTE PAS !) cassait la décision de la Commission municipale de Prades, qui avait décidé, le 12 octobre 1870, la suppression de l'école primaire communale congréganiste locale, et sa translation à des instituteurs laïques. Et ce Préfet ajoutait dans son article II : « *A dater du* 15 *mai* 1875, *les instituteurs commu-* « *naux congréganistes de Prades reprendront possession des* « *écoles qu'ils occupaient au moment de leur expulsion en* « *octobre* 1870. »

Et CEPENDANT, *à peu de distance de Prades,* à Lapène, devant la cour d'assises des *Hautes-Pyrénées,* le 11 mars, comparaissait un prêtre desservant POUR ATTENTATS A LA PUDEUR. Les débats de cette abominable affaire ont eu lieu à huis clos... disent, comme *toujours,* les tristes rendus comptes! Aussi abominable d'ailleurs... que toutes les autres affaires de ce genre qui se succèdent SANS CESSE... SANS QU'ON Y PRÊTE LA MOINDRE ATTENTION ! (Hier, en Belgique, le vicaire D..., sur lequel pèse l'accusation de s'être livré aux actes les plus scandaleux sur des petites filles auxquelles il donnait l'instruction religieuse, a été arrêté jeudi, après avoir été entendu par le juge d'instruction. Ce vicaire est professeur de religion dans une école congréganiste du faubourg Sainte-Marguerite de Liége !)... Et n'est-ce donc pas cependant à cause de TOUT CELA que les pères de famille, *qui font généralement partie des Conseils municipaux,* veulent que l'instruction soit confiée à des maîtres LAIQUES-MARIÉS ??... *en attendant d'ailleurs qu'on marie le clergé lui-même*!!

Mais, qu'importe! soit, je l'ai dit, C'EST LA LOI! Monsieur le Préfet peut tout !... et je lui tire.... DE LOIN!!... mon chapeau! Mais ici, VOYEZ UN PEU CELA! il me vient un *scrupule*... à moi, si soumis à la loi, aussi bien quand il s'agit de Monsieur le Préfet que de la République-Révisable... Si on exécute si SCRUPULEUSEMENT la loi, lorsqu'il s'agit des *immunités* de MM. les Frères et de MM. les Préfets, pourquoi ne l'exécute-t-on donc pas, *avec les mêmes scrupules,* lorsqu'il s'agit d'appliquer à MM. LES JÉSUITES LES LOIS DES PARLEMENTS, *renforcées de celles de la Révolution* ??

Et n'est-il donc pas vraiment temps de nous rappeler les paroles de nos pères? M. Lainé ne s'écriait-il pas déjà, dans les chambres de 1826 :

« *N'est-il pas heureux, au milieu des inquiétudes publi-*
« *ques, de pouvoir s'attacher, comme d'une ancre de salut, à*
« *des lois incontestables? Si ce point d'appui venait à man-*
« *quer à la France, ne serait-il pas à craindre de la voir*
« *passer de l'anarchie des esprits à une anarchie plus for-*
« *midable? Combien s'affaiblirait l'autorité légale si l'on don-*
« *nait longtemps aux sujets du roi (aux sujets de la Répu-*
« *blique révisable), l'exemple de la violation des lois le plus*
« *fortement établies*! Ni les arrêts des parlements qui ont

« détruit à jamais les jésuites dans le royaume (DANS LA
« RÉPUBLIQUE !) ni les faits qu'ils ont consacrés, n'ont été
« dans le domaine de la Révolution. *Les édits de nos rois*
« *contre les jésuites ont aussi bien survécu à la Révolution*
« *que les déclarations royales des premiers ans du* XVIIIe *siècle,*
« *que la haute police et les tribunaux appliquent à une classe*
« *de Français.* Loin d'avoir brisé les édits contre les jésuites,
« la Révolution ne les a que trop confirmés, puisqu'elle en a
« étendu la rigueur A TOUS LES ORDRES MONASTIQUES. Dire
« que ces lois sont à dédaigner parce qu'elles sont révolu-
« tionnaires, *c'est tout confondre et plonger l'Etat dans le*
« *chaos* (OU NOUS SOMMES) ! Si la haute police a le
« droit de choisir entre les lois celle de telle ou telle
« époque, les administrations, les tribunaux auront la
« même faculté d'en trier les articles à leur convenance.
« Les sujets du Roi (*les sujets de la République*) se croi-
« ront bientôt autorisés à suivre un pareil exemple; *et leur*
« *obéissance, raisonnant comme la haute police, indiquera*
« *aussi les lois qui leur conviennent. Comment le gouverne-*
« *ment, après avoir publiquement permis la violation des*
« *lois les plus solennelles, conservera-t-il assez de force pour*
« *faire exécuter les lois* LES PLUS PROHIBITIVES ET DURES
« AUX SUJETS ? »

Ces paroles solennelles ne sont-elles pas bonnes à re-
lire aujourd'hui ? J'ai trouvé le moment bon pour les remettre sous les yeux de mes concitoyens; pour essayer
encore, *s'il est possible*, de les aider à en tirer tout le fruit...
que nous n'avons pas su, trop malheureusement, EN TIRER
JADIS !!

Et hier... *et encore demain peut-être !...* non contents
d'avoir livré à ces gens-là : *l'instruction primaire en* 1850,

on leur livrera : L'INSTRUCTION SECONDAIRE *(et après l'infaillibilité du Syllabus proclamée*!) (1) EN 1875!! QUEL VOILE FUNÈBRE COUVRE DONC LES YEUX DE LA FRANCE???

Et, à ce propos, je viens justement de lire dans le *Soleil* un article qui, assurément, s'il ne nous tiréra pas du chaos où nous sommes plongés, est conçu dans les plus nobles termes et mérite, à ce titre, qu'on essaie modestement d'y répondre.

Le très-honorable rédacteur qui parle de la brochure de M. Dugué de la Fauconnerie ne croit pas à un empire *aussi vaste que la place de la Concorde*!... C'est-à-dire que c'est surtout à la CONCORDE qu'il semble ne pas croire! Et vraiment, il peut bien rester là-dessus quelques *légers doutes*!! Mais, à ne considérer que l'effort, *qui pourrait dire qu'il ne doit pas être tenté?* LA CONCORDE POUR SORTIR DU CHAOS!! n'est-ce donc pas là ce qui nous manque?... Cherchons donc *de bonne foi* (et je veux essayer ici de me tenir à la hauteur de l'excellent ton qui règne dans l'article auquel j'ai l'honneur de répondre!) les prémices de cette CONCORDE, si nécessaire, si INDISPENSABLE à nos nouveaux destins!!

La République, c'est 92! c'est 93! c'est le 24 février, c'est Juin!! c'est le 4 septembre, c'est la Commune!!

L'Empire, c'est le 18 brumaire, c'est le 2 décembre!!

Mais l'Empire, c'est aussi le 13 vendémiaire... ce prélude énergique d'une gloire immortelle!! c'est le Code Napoléon, sorti de 1789! et enfin... C'EST L'AFFRANCHIS-

______

(1) Voir mon *Appel au Peuple : Gouvernement national et Église nationale.*

SEMENT DE L'ITALIE!!! *et n'est-ce donc pas par tout cela qu'il se mêle à la Révolution et à la République... et les surpasse et les fait siennes!...* EN LES ORGANISANT, en en faisant passer dans les actes et dans les faits (*res, non verba!*) ce qu'il y avait alors de possible et de réalisable dans les rêves de la tourmente philosophique et révolutionnaire?? L'Empire, ce n'est donc point L'INFAME CÉSARISME, PUIS-QU'IL AFFRANCHIT LES PEUPLES ET NE LES ASSUJETTIT POINT??

Mais, me dira-t-on, *tout cela est bien trouble encore!!*

Et moi, *me meschino!* j'oserai répondre : ...*C'est l'esprit de la France qui est trouble... elle a voulu monter...* TROP HAUT!! *Dans les sublimes régions de la philosophie pure... la tête lui a tourné!!*

Revenons donc à la réalité de la terre, soyons donc un peu *positifs* avec ces Allemands, avec ces Anglais, qui nous diraient volontiers à l'envi : « *Que la gloire est une « denrée qui ne se cote pas plus à Berlin, qu'à Londres.* »

Mais être positif, pour la France! n'est donc pas essayer de monter plus haut encore, malgré la fortune contraire?? Mais faisons-le donc, ET, POUR DIEU! *avec ordre et méthode!!*

L'ordre et la méthode, c'est l'Empire... DANS SES BONS JOURS!! Qu'il nous en donne donc de nouveaux et indiscutables gages! Qu'il renonce donc une bonne fois pour toutes... AUX MALHEUREUX CHEFS POLITIQUEMENT COMPROMIS DU PASSÉ!! Qu'ils renoncent donc, eux aussi, LOYALEMENT, à essayer encore de diririger (*on devrait dire de paralyser!*) ...ce qui demeure encore, malgré leurs *fautes, la plus grande force de notre terre!!* Que l'Empire s'en fie donc au talent appuyé sur la vertu (C'EST TOUTE SA RACE!), et qu'il ferme implacablement l'oreille AU SOUFFLE EMPESTÉ DES IDÉES CÉSARIENNES INDIGNES DES NAPOLÉONS : **Les talents sans les vertus!!** *Il vaudrait mieux ne pas être que d'être d'une certaine façon!*

Oh! non! non!! n'ESCOMPTONS POINT L'EMPIRE!! mais préparons-nous à le saluer comme la dernière et comme la plus resplendissante force encore, qui reste à la patrie chancelante et compromise!!!

Et si la France a levé plus d'une fois son front jusqu'aux cieux... que ce ne soit pas pour dire : « QU'ILS NE « SONT POINT HABITÉS!! »

Omnia religione moventur!

Cic., in Ver. v.

LA REVANCHE, 5 juillet 1875.

1933.75. — Boulogne (Seine). — Imp. JULES BOYER

143